Mi madre narcisista

Cómo comprender fácilmente el narcisismo en las madres y mejorar las relaciones tóxicas paso a paso

Mariam Lehmhuis

CONTENIDO

¿Qué terapias hay disponibles ?   41

Tratar con una madre narcisista   49

¿Qué les espera en este libro?

Este libro trata de explicarte el trastorno narcisista de la personalidad, especialmente en relación con las madres afectadas por este trastorno y las consecuencias para sus hijos.

Además, este libro pretende dar a los afectados consejos sobre cómo pueden aprender a afrontar mejor su situación.

Para comprender mejor esta enfermedad mental, se suele ilustrar al principio del libro. En primer lugar, recibirás información sobre lo que significa el narcisismo y las posibles razones por las que puede desarrollarse esta enfermedad. Después se describen los distintos tipos y síntomas de la enfermedad. Además, recibirás consejos que te ayudarán a identificar a un narcisista.

Después, se presenta cómo el trastorno de la personalidad afecta a la relación y al comportamiento de una madre afectada hacia su hijo. Se distingue entre la relación entre una madre narcisista y su hija y una madre narcisista y su hijo. También se describen las consecuencias y los trastornos psicológicos que pueden surgir para el hijo y hasta qué punto éste puede seguir viéndose influido por ello cuando sea adulto.

Al final del libro, se explican opciones terapéuticas tanto para las madres como para los hijos. Posteriormente, también se mencionan algunos consejos de autoayuda que pueden ayudar a los hijos de narcisistas a tratar con su madre y formas de liberarse del entorno de su madre narcisista.

¿Qué es el narcisismo?

SURGIMIENTO Y DEFINICIÓN DEL NARCISISMO

En el lenguaje cotidiano, el término narcisista se utiliza a menudo para describir a una persona que parece egoísta y arrogante y no tiene en cuenta las necesidades de los que le rodean.

Desde un punto de vista psicológico, el narcisismo es un rasgo de la personalidad que, de hecho, está presente en cierto grado en la personalidad de todos. Sin embargo, en la mayoría de las personas este rasgo de personalidad se expresa en un grado saludable y no influye negativamente en su propia vida ni en la de sus semejantes.

Ciertos rasgos narcisistas pueden incluso ser beneficiosos y hacer que una persona parezca más carismática e interesante, pero cuando estos rasgos narcisistas son excesivos, se denomina trastorno narcisista de la personalidad.

Las personas que padecen un trastorno narcisista de la personalidad se idealizan a sí mismas y a sus capacidades de forma exagerada y se presentan como alguien mejor que sus compañeros. Además, los narcisistas tienen una necesidad excesiva de recibir reconocimiento y atención de quienes les rodean y a menudo menosprecian a los demás para elevar su propia autoestima, ya que tienen una capacidad de empatía menor que la mayoría de la gente y a menudo tienden a sentir envidia por los demás.

Existen distintas teorías sobre el desarrollo del narcisismo. Se supone que el narcisismo se desarrolla a través de una interacción de factores genéticos, psicológicos y ambientales.

En muchos casos, el origen del trastorno de la personalidad está en la educación y las experiencias que moldearon a una persona en la primera infancia. Existen dos enfoques diferentes al respecto.

Por un lado, el origen del trastorno puede estar en que la persona afectada fue excesivamente admirada e idealizada por sus padres en la infancia. A menudo, los padres miman a su hijo hasta un grado extremo e intentan alejar de él cualquier tipo de frustración o decepción, lo que hace que el niño desarrolle una imagen poco realista de sí mismo.

Por otra parte, también puede ocurrir que una persona afectada recibiera demasiado poco amor y reconocimiento de sus padres en la infancia o que la estima del niño se hiciera depender de sus logros. Como consecuencia, el niño desarrolla comportamientos narcisistas para compensar la falta de reconocimiento.

TIPOS DE NARCISISMO

Según un estudio realizado por Russ y sus colegas en 2008, el trastorno narcisista de la personalidad puede dividirse en tres tipos: narcisismo exhibicionista, narcisismo grandioso-maligno y narcisismo vulnerable-frágil.

Las personas que padecen un trastorno narcisista de la personalidad no pertenecen necesariamente a uno solo de estos tipos. Muchos narcisistas también fluctúan entre los distintos tipos.

Narcisismo exhibicionista

Los afectados pertenecientes a este tipo se caracterizan por tener una autoestima excesiva y estar extremadamente convencidos de su propia superioridad. Por tanto, alardean abiertamente de su magnificencia y sus logros de forma exagerada. Estos individuos suelen parecer arrogantes, egocéntricos y chulescos. A menudo se pueden reconocer inmediatamente los rasgos narcisistas de esta persona, por lo que este tipo de narcisismo también se denomina narcisismo abierto.

Grandioso narcisismo maligno

El tipo grandioso-maligno es muy similar al tipo exhibicionista. Las personas de este tipo también se caracterizan por su excesiva autoestima, pero además tienen un comportamiento agresivo o antisocial frecuente. Estos individuos suelen tener poca o ninguna empatía y se sienten constantemente infravalorados por los demás. También perjudican a los demás con su comportamiento, por ejemplo menospreciando a sus semejantes para aumentar su propia autoestima. Al igual que el tipo exhibicionista, este tipo es fácilmente reconocible como narcisista.

Narcisismo vulnerable-frágil

A diferencia de los otros dos tipos, este tipo de narcisista suele ser más difícil de identificar, por lo que también se describe como narcisismo encubierto. Las personas afectadas por este tipo de narcisismo son hipersensibles y se muestran vulnerables y retraídas ante el mundo exterior. Tienen problemas extremos para enfrentarse a la crítica y al rechazo, de modo que pueden llegar incluso al suicidio. Su autoestima fluctúa entre una confianza extrema en sí mismos y sentimientos de inferioridad. Para compensar su inestable autoestima, estos individuos se presentan como mejores de lo que son en realidad. Este tipo de narcisismo es más frecuente en las mujeres que en los hombres, por lo que también se denomina narcisismo femenino.

SINTOMAS DEL NARCISISMO

El Manual Diagnóstico y Estadístico de los Trastornos Mentales (DSM-IV) enumera nueve síntomas por los que una persona puede ser diagnosticada como narcisista.

Existe trastorno narcisista de la personalidad si se dan al menos cinco de los siguientes criterios.

1. Las personas afectadas tienen un sentido exagerado y a menudo infundado de su propia importancia y se ven a sí mismas como superiores a los demás. Presentan sus propios logros y puntos fuertes como mejores y más importantes de lo que realmente son.

2. Tienen fantasías patológicas de poder y éxito exagerados, belleza irreal o ideas idealizadas del amor.

3. Se ven a sí mismos como alguien especial, particular y único, y sienten que sólo les comprenden las personas que creen que tienen el mismo nivel de singularidad.

4. Sienten la necesidad de ello y esperan que sus semejantes les admiren en exceso.

5. Tienen grandes expectativas de ser tratados de forma especialmente favorable por los demás y esperan que sus semejantes respondan siempre a sus expectativas.

6. No tienen ningún problema en comportarse de forma explotadora con los demás y en aprovecharse de sus semejantes para conseguir sus propios objetivos.

7. Tienen poca o ninguna empatía y son incapaces de empatizar con los demás e ignoran sus sentimientos y necesidades.

8. A menudo sienten envidia de sus semejantes o suponen, sin razón, que los demás les envidian.

9. Su comportamiento y su forma de pensar son arrogantes y prepotentes.

A menudo, sin embargo, los narcisistas no pueden identificarse claramente ni siquiera basándose en estos criterios, ya que algunos, por ejemplo, no muestran abiertamente su forma arrogante de pensar o son buenos ocultando sus comportamientos narcisistas.

Además, estudios recientes demuestran que muchos narcisistas tienen una autoestima muy baja y que su autopresentación idealizada es sólo un mecanismo de protección para compensar su baja autoestima. Esto contrasta con el hecho de que los narcisistas suelen considerarse extremadamente seguros de sí mismos debido a su arrogancia y a su grandiosa autopresentación.

CONSEJOS PARA IDENTIFICAR A UN NARCISISTA

Para ayudarte a identificar a un narcisista, aunque en algunos casos no sea tan fácil, aquí tienes algunos consejos que pueden ayudarte a reconocer a un narcisista más rápidamente. La mayoría de los narcisistas suelen causar una muy buena primera impresión y se ven inicialmente como encantadores y atractivos, ya que el reconocimiento de quienes les rodean es muy importante para ellos, por lo que al principio sólo se presentan desde su mejor lado.

Sin embargo, cuanto mejor conozcas a un narcisista, más fácil te resultará reconocer sus comportamientos e intenciones egoístas. A continuación se explican algunos de los patrones de comportamiento más habituales de los narcisistas, que pueden ayudarte a reconocerlos mejor y más rápidamente.

Los narcisistas hablan sobre todo de sí mismos y de sus logros, haciéndose pasar por demasiado importantes y sin mostrar ningún interés por los demás y sus logros. Desean constantemente ser el centro de atención y ser admirados por los demás. A menudo tratan a los demás con envidia y no pueden alegrarse de los éxitos de los demás, por lo que suelen hablar despectiva o críticamente de los éxitos de sus semejantes y siempre los presentan como peores que ellos mismos.

Sin embargo, los propios narcisistas son muy sensibles a las críticas, no ven sus propios defectos y no tienen capacidad de autorreflexión. Por tanto, se ven constantemente en el papel de víctimas y culpan a los demás de los conflictos, aunque ellos mismos los hayan causado. Además, los narcisistas suelen ser incapaces de disculparse por los errores que han cometido o por el daño que han causado a sus semejantes, debido a su falta de empatía y de visión de sí mismos.

Además, muchos narcisistas muestran un comportamiento agresivo porque sienten fuertes emociones negativas, como ira o celos, y las descargan con quienes les rodean. Además, cuando algo no sale según sus planes, los narcisistas reaccionan con agresividad, porque tienen una fuerte necesidad de controlar las situaciones y a otras personas y se frustran rápidamente si esto no funciona.

Otro aspecto por el que puedes reconocer a un narcisista es que recibe más de lo que da. Esperan que los demás estén siempre dispuestos a hacer lo que ellos les piden; sin embargo, si tú mismo le pides un favor a un narcisista, en la mayoría de los casos lo rechazará, a menos que le dé la oportunidad de impulsar sus propios objetivos egoístas.

Para conseguir sus objetivos o presentarse mejor, los narcisistas suelen decir mentiras, por ejemplo sobre sí mismos o sobre sus capacidades. También difunden mentiras o rumores sobre otras personas para hacerlas quedar mal en contraste con ellos mismos.

A primera vista, los narcisistas suelen parecer que tienen muchos amigos porque se les da bien parecer carismáticos y presentarse bajo una buena luz ante quienes les rodean. Para los narcisistas es muy importante demostrar que son populares y presumir de ello. Sin embargo, estas amistades suelen ser superficiales, porque a los narcisistas les resulta difícil entablar relaciones profundas debido a su comportamiento egoísta y a su falta de empatía. Además, su comportamiento hacia los demás fluctúa entre la amabilidad fingida inicial y la falta de respeto y la explotación, por lo que muchos narcisistas son populares al principio, pero la mayoría de la gente puede reconocer su naturaleza explotadora al cabo de un tiempo.

Si conoces a alguien de tu entorno que muestra todos o muchos de estos comportamientos, puedes suponer que esa persona está probablemente afectada por un trastorno narcisista de la personalidad o tiene rasgos narcisistas superiores a la media.

¿Cómo se manifiesta el narcisismo?

NARCISISMO EN LA MUJER

Como ya se ha mencionado en el capítulo sobre los tipos de narcisismo, las mujeres tienden más al tipo de narcisismo vulnerable-frágil. Como este tipo de narcisismo no es tan obvio, suele ser más difícil identificar a las mujeres narcisistas que a los hombres narcisistas, que suelen ser más abiertos sobre sus rasgos narcisistas. Los científicos suponen que la tendencia al narcisismo encubierto en las mujeres se debe principalmente a que éstas suelen puntuar más alto en los rasgos de personalidad de introversión y neuroticismo, y también son más dependientes del reconocimiento de los demás que los hombres.

El narcisismo femenino se caracteriza por fuertes contrastes. Por un lado, las mujeres afectadas siempre intentan presentarse exteriormente como perfectas y seguras de sí mismas, pero interiormente se sienten deprimidas, vacías y tienen muchas dudas sobre sí mismas. Su autoestima es, por tanto, muy inestable y extremadamente dependiente del reconocimiento de los demás. Normalmente su autoestima fluctúa entre una grandiosidad extrema y fuertes complejos de inferioridad.

Los narcisistas dan mucha importancia a su aspecto y atractivo. Suponen que todos sus éxitos se deben únicamente a sus rasgos externos, por lo que es muy importante para ellos parecer impecables en todo momento e invierten mucho tiempo en su aspecto. Esto también hace que desarrollen fuertes complejos si algo de su aspecto no se corresponde con la imagen perfecta que tienen de ellas, lo que también hace que a menudo tiendan a desarrollar trastornos alimentarios, por ejemplo. A menudo, como están tan preocupadas por sus rasgos superficiales, también descuidan sus necesidades psicológicas y sus propios sentimientos. También les cuesta creer que las experiencias positivas y los éxitos puedan atribuirse a sus valores internos, y lo atribuyen constantemente a su atractivo exterior.

Las mujeres narcisistas suelen tener expectativas irrealmente altas de sí mismas y grandes temores a no estar a la altura. Al igual que los narcisistas masculinos, se consideran superiores a los demás y tienen fantasías de grandeza, pero no lo revelan abiertamente y sólo lo viven en su interior porque tienen demasiado miedo a las críticas o al rechazo de sus semejantes.

El miedo extremo a la crítica es otro rasgo destacado del narcisismo femenino. Como la autoestima de las mujeres afectadas es tan inestable y depende tanto de la aprobación de los demás, incluso pequeños comentarios críticos pueden sumirlas en profundas crisis emocionales, que pueden llegar incluso a provocarles pensamientos suicidas. Por eso, tampoco es infrecuente que las mujeres narcisistas desarrollen otras enfermedades mentales, como depresión o trastornos de ansiedad. Para estar seguras de obtener el reconocimiento que necesitan y protegerse de las críticas, dirigen casi todas sus acciones y comportamientos hacia lo que creen que les aportará el reconocimiento de sus iguales. Por eso, a menudo se disfrazan y no son capaces de vivir su verdadera personalidad.

Este miedo a la crítica es también una de las razones por las que, a diferencia de los narcisistas masculinos, no se comportan de forma abiertamente agresiva y degradante con los demás. Temen que este comportamiento pueda provocar comentarios negativos de quienes les rodean y afectar a la fachada perfecta que intentan mantener constantemente.

Muchas mujeres narcisistas parecen muy seguras de sí mismas ante el mundo exterior debido a su perfecta autopresentación, pero también hay muchas que muestran fácilmente su inseguridad y, por tanto, parecen más bien ansiosas y deprimidas. Ésta es también la razón por la que suele ser más difícil identificar a las mujeres como narcisistas y también es menos probable que a las mujeres se les diagnostique narcisismo.

LOS NARCISISTAS COMO MADRES

Las madres narcisistas se ponen a sí mismas en el centro de la familia. En lugar de sacrificarse por sus hijos y ponerlos en el centro de sus vidas, esperan que sus hijos estén siempre dispuestos a hacer cualquier cosa por su madre. Esto suele dar lugar a una dinámica familiar en la que los hijos tienden a cuidar de su madre y a adaptarse a sus necesidades, a diferencia de lo que ocurre en una dinámica familiar sana, en la que la madre cuida de sus hijos y está atenta a sus necesidades.

Sin embargo, a pesar de esta dinámica familiar perjudicial, las familias de las mujeres narcisistas suelen parecer perfectas e impecables al mundo exterior porque, como ya se ha mencionado en el capítulo anterior, para las mujeres narcisistas es muy importante mantener la apariencia externa de perfección para recibir el reconocimiento de sus iguales. Se presentan como una madre perfecta y trasladan este perfeccionismo patológico también a sus hijos. Esto significa que también tienen grandes expectativas de que sus hijos se comporten perfectamente en el exterior para que se mantenga la apariencia de una familia perfecta.

Por eso, las madres narcisistas suelen ser extremadamente controladoras, controlan a sus hijos en todos los aspectos de su vida y les quitan libertad de elección. Muchas no ven a sus hijos como un individuo separado, sino sólo como una prolongación de sí mismas, por lo que para ellas es importante que sus hijos se comporten como ellas quieren.

Al ver a sus hijos como una prolongación de sí mismas, también proyectan en ellos sus propias inseguridades y complejos, y son excesivamente críticas con ellos. En particular, la madre narcisista ve a sus hijas como un reflejo de sí misma e intenta controlar sus vidas. A menudo también ven a sus hijas como una competición y desarrollan sentimientos de envidia si, por ejemplo, tienen algunas habilidades que su madre no tiene o si son exteriormente más atractivas que ella. Si éste es el caso, supone una gran amenaza para la inestable autoestima de la madre narcisista. Para compensarlo, a menudo devalúan a sus hijos y sus logros o los atribuyen únicamente a la buena educación que han recibido de ellas. Así, se presentan constantemente como superiores a sus hijos.

Además, las madres narcisistas rara vez muestran comprensión o afecto por sus hijos. Esto se debe a su escasa capacidad de empatía. A menudo sólo tienen una relación muy superficial con sus hijos y no pueden desarrollar una relación sana y más profunda con ellos. En muchos casos, no quieren a sus hijos por sí mismos, sino por la forma en que éstos les admiran, ya que esto eleva su autoestima. Por lo tanto, les resulta difícil aceptarlo cuando los hijos crecen y empiezan a alejarse de ellos.

También son muy sensibles a las críticas de sus hijos, ya que no pueden aceptar que no se comporten según su voluntad y pongan en peligro la imagen de la familia perfecta.

En general, pues, las madres narcisistas esperan que todos los miembros de la familia se ajusten a sus necesidades e ideas, y que respondan a sus deseos en todo momento sin críticas, lo que crea una dinámica familiar muy perjudicial.

EFECTOS DEL NARCISISMO EN LOS METODOS DE CRIANZA

La característica principal de los métodos de crianza utilizados por las madres narcisistas es que enseñan a sus hijos a desatender sus propias necesidades y a responder únicamente a las necesidades de la madre.

Las madres narcisistas tienen expectativas muy altas respecto a sus hijos, ya que a menudo los ven como una prolongación de sí mismas y transfieren a sus hijos sus propios complejos, pero también sus propios objetivos. Por eso, por ejemplo, los hijos de narcisistas están sometidos a una enorme presión para obtener buenos resultados en la escuela. Para asegurarse de que sus hijos siempre se esfuerzan por cumplir sus expectativas, la madre narcisista sólo da a sus hijos afecto y comentarios positivos si cumplen sus elevadas expectativas. Si no es así, los reprime verbalmente de forma extrema o incluso los castiga con violencia. Como los narcisistas no sienten empatía, no tienen ningún problema en utilizar la violencia como método de crianza y dañar a sus hijos, porque no se sienten culpables por ello. Ésta es también la razón por la que las madres narcisistas no suelen mostrar afecto o cariño a sus hijos, porque no son capaces de entablar relaciones más profundas y entonces sólo dan a sus hijos afecto en forma de cumplidos superficiales. Pueden ser cumplidos sobre el aspecto del niño, por ejemplo.

Además, los narcisistas quieren mantener el control sobre su hijo en todo momento. Dicen a sus hijos cómo deben comportarse, qué decisiones deben tomar e interfieren en todos los aspectos de su vida. Desprecian la intimidad de sus hijos y sobrepasan constantemente cualquier tipo de límites, pues sólo ven a sus hijos como una prolongación de sí mismos. Por tanto, no comprenden que su hijo es un individuo por derecho propio y necesita intimidad y su propia libertad de elección.

Muchas madres narcisistas también crían a sus hijos para que sean perfeccionistas patológicos, ya que la apariencia externa de una familia perfecta es enormemente importante para ellas. También suelen actuar como una madre perfecta cuando hay otras personas cerca y presumen de todo lo que ha conseguido su hijo. Sin embargo, siempre lo atribuyen a su buena educación y lo consideran un logro propio.

Las madres narcisistas rara vez muestran comprensión y empatía hacia sus hijos. Si su hijo le confía sus problemas o necesita que le consuele, le quita importancia o le culpa de sus preocupaciones, en lugar de consolarle. A menudo también convierte estas conversaciones en conversaciones sobre sus problemas y no sobre los del niño, ya que los narcisistas siempre quieren ser el centro de atención.

Crear sentimientos de culpa es otra característica destacada de los métodos de crianza de las madres narcisistas. Si el niño desafía sus exigencias, ella lo presenta como desagradecido e intenta que parezca el culpable. Además, también alardea de todo lo que ha hecho por el niño y lo presenta como si siempre estuviera descuidando sus propias necesidades por su hijo, lo que no hace sino crear más sentimientos de culpa en él.

Si el niño intenta hacer valer sus propios intereses, ella le acusa de ser egoísta y pensar sólo en sí mismo. Por el contrario, la madre narcisista espera que su hijo esté siempre dispuesto a sacrificarse por sus propias necesidades y objetivos egoístas, aunque tenga que descuidar los suyos en el proceso.

Muchas madres narcisistas también sienten envidia de sus hijos, especialmente de sus hijas. Por ello, tienen mucho miedo de que sus hijos puedan ser mejores que ellas en algunas áreas. Para evitarlo, a menudo trabajan activamente para impedir que sus hijos consigan éxitos que puedan hacerles dudar de sí mismas y hacer que sus hijos parezcan más exitosos que ellas a sus ojos. Por ejemplo, menosprecian a sus hijos de forma extrema y les dicen que nunca podrán conseguir nada en la vida.

Otro método que utilizan las madres narcisistas para crear dudas en sus hijos es compararlos con otros niños de forma desvalorizadora. Como resultado, los niños aprenden a sentir que valen menos que sus compañeros y desarrollan fuertes complejos.

Además, los narcisistas suelen mentir a sus hijos y negar sus comportamientos. Por ejemplo, cuando el niño les señala hechos o comportamientos suyos que le han causado daño, los niegan y presentan al niño como si mintiera o se lo imaginara. Esto afecta gravemente a la confianza entre madre e hijo.

En conjunto, queda claro que la madre narcisista quiere conseguir con sus métodos de crianza que su hijo se vuelva extremadamente dependiente de ella y no sea capaz de desarrollar una personalidad propia.

Particularidades de la educación de los hermanos

Si un narcisista tiene varios hijos, en la mayoría de los casos se desarrolla una dinámica familiar en la que a los hijos se les asignan distintos papeles. Se distingue entre el papel del "chivo expiatorio" y el del hijo "dorado". A través de estos papeles, la madre proyecta en sus hijos su propia autoestima inestable, que siempre fluctúa entre los complejos de inferioridad y la grandiosidad.

Al niño, al que se le asigna el papel de chivo expiatorio, se le trata como si nunca fuera suficiente y, a menudo, es difamado por la madre. Además, siempre se le hace culpable y responsable de todos los problemas de la familia. Ocurre más a menudo que las hijas asuman este papel.

Por el contrario, el niño dorado se presenta como perfecto, se le elogia más a menudo y se incita a menospreciar al niño que desempeña el papel de chivo expiatorio. Muy a menudo, la madre narcisista intenta realizarse a sí misma y a sus objetivos a través de este hijo. Este papel se otorga más a menudo a los hijos.

También puede ocurrir que el reparto de papeles cambie con el tiempo. De esta forma, que divide a los niños en buenos y malos, hay muchos celos y competencia entre los hermanos.

M A R I A M   L E H M H U I S

Efectos del narcisismo

RELACION ENTRE LAS MADRES NARCISISTAS Y SUS HIJOS

En la mayoría de los casos, las madres narcisistas otorgan a sus hijos el papel del niño de oro. Como resultado, los hijos son idealizados hasta un punto malsano y la madre siempre intenta mantener el control sobre la vida de su hijo. A menudo refuerzan la autoestima de su hijo mediante elogios y presumen de él ante los demás, aunque, por otro lado, también son muy críticas con ellos en casa y critican cada pequeño mal comportamiento para mantener el control sobre ellos. Las madres narcisistas se sitúan en el centro de la vida de su hijo, quieren ser la única persona admirada por él y, por tanto, desarrollan fuertes sentimientos de celos hacia todos los demás cuidadores, sus amigos y, más adelante, también sus parejas. A menudo hablan mal de ellos delante de sus hijos e intentan que se separen de esas personas.

A menudo, en la relación entre una madre narcisista y su hijo se desarrolla una fuerte relación de dependencia mutua.

El hijo no puede desarrollar una personalidad propia estable ni la capacidad de tomar sus propias decisiones debido al estricto control de su madre. Se siente dependiente de su madre y a menudo tiene fuertes temores de pérdida hacia ella.

Al tener la madre un papel tan presente en su vida, aprende a dejar de lado sus propias necesidades para anteponer las de la madre. Por un lado, hay hijos que siempre intentan complacer a su madre y responder a sus necesidades, pero por otro lado, también hay hijos que, a medida que crecen, empiezan a rebelarse contra su madre y quieren salirse con la suya.

Incluso en la edad adulta, los hijos de los narcisistas se sienten inferiores a las mujeres, por lo que tienden a subordinarse a sus parejas. Sus relaciones se caracterizan por la desconfianza y el miedo a la pérdida. A menudo también sienten fuertes sentimientos negativos hacia su pareja o un odio general hacia las mujeres, porque les asusta lo mucho que dependen de ellas.

Este odio también surge, entre otras cosas, del hecho de que en su subconsciente sienten odio hacia su madre por el hecho de que se sienten tan controlados por ella, pero siguen sin poder desprenderse de ella. Luego, a su vez, transfieren este odio a otras mujeres. Por el contrario, algunos hijos de madres narcisistas adoptan los rasgos narcisistas de su madre y se comportan de forma manipuladora y egoísta incluso con sus parejas.

Es más probable que esto ocurra con los hijos que con las hijas, ya que las madres narcisistas tienden a idealizar a sus hijos y a reforzar su autoestima, mientras que tienden a ver a sus hijas como competencia y, por tanto, a rebajarlas.

La madre narcisista depende de su hijo en el sentido de que lo ve como una fuente de aprobación masculina. Para ella es esencial que su hijo la admire y dependa de ella de forma enfermiza, ya que esto le ayuda a reforzar su inestable autoestima. Por lo tanto, no puede soportar que su hijo se interese por otras mujeres y sienta una fuerte envidia hacia ellas. Se entromete en las relaciones de su hijo y las ve como una competición.

En casos extremos, dependiendo de la relación con el padre de los hijos, la madre también puede buscar un sustituto de pareja en su hijo. Esto puede crear problemas edípicos en la relación entre madre e hijo. La madre seductora y narcisista sexualiza la relación entre ella y su hijo y se comporta de forma inapropiada con él.

La mayoría de las veces, este incesto se queda sólo en el plano emocional, pero los hijos desarrollan, no obstante, fantasías edípicas y un fuerte impulso sexual hacia su madre. La madre narcisista reacciona a esto animando a su hijo en sus fantasías o avergonzándole por ello y haciéndole culpable de haber desarrollado esos sentimientos. En este caso, el complejo de Edipo sólo puede resolverse en gran medida si el hijo mantiene una relación estrecha con su padre. Si no es así, el hijo se vincula aún más estrechamente a su madre y a veces llega incluso a ver a su padre como un competidor.

En general, las madres narcisistas desarrollan una relación muy malsana con sus hijos, que está fuertemente basada en la dependencia mutua y que también puede adoptar rasgos sexuales. Esto condiciona a los hijos durante toda su vida, sobre todo en el trato con sus parejas posteriores.

RELACION ENTRE LAS MADRES NARCISISTAS Y SUS HIJAS

A diferencia de los hijos, las madres narcisistas suelen asignar el papel de chivo expiatorio a sus hijas. Esto se debe a que ven competencia femenina en sus hijas y, por tanto, quieren que desarrollen una baja autoestima. Sienten un miedo enorme a que su hija pueda ser exteriormente más atractiva, más inteligente o mejor que ellas en otras áreas, ya que esto dañaría aún más su ya baja autoestima. Para evitar que su hija desarrolle estas cualidades y aumentar su propia autoestima, la madre narcisista critica a su hija por cada pequeño detalle y le hace sentir que nunca podrá ser lo bastante buena, lo que le hace desarrollar fuertes complejos.

También hay muchas madres narcisistas que se ven a sí mismas en su hija e intentan realizar sus propios sueños y objetivos a través de ella. Se esfuerzan por moldear a su hija hasta convertirla en una versión de sí mismas y toman el control total de su vida para poder, por ejemplo, alcanzar a través de ella metas profesionales que ellas mismas no podrían lograr. Aquí, como en la relación madre-hijo, se desarrolla una fuerte relación de dependencia.

La hija se siente dependiente de su madre porque durante toda su vida sólo ha aprendido a vivir según los ideales y necesidades de su madre. Las hijas de madres narcisistas tampoco suelen desarrollar una personalidad individual estable y no pueden tomar decisiones por sí mismas y sobre su propia vida. Incluso en la edad adulta, cuando toman decisiones importantes, a menudo se preguntan cómo habría decidido su madre por ellas.

Por la razón de que las madres narcisistas se ven a sí mismas en su hija, también transfieren su afán de perfeccionismo a su hija y la educan para que siempre parezca perfecta e impecable ante el mundo exterior. Sólo dan amor a sus hijas si mantienen estos estándares de perfección, de lo contrario las degradan. Por tanto, las hijas aprenden pronto a adaptarse siempre a su entorno y al estado de ánimo de su madre, y tienen un miedo extremo a cometer errores.

Más adelante en la vida, las hijas de los narcisistas también tienen problemas para resistirse a los demás. Van por la vida con mucha inseguridad y se dejan mandar por sus parejas incluso en sus relaciones, porque aprendieron en la infancia que no se les permite tomar sus propias decisiones sobre sus vidas.

Otra característica de la relación entre una madre narcisista y su hija es que la madre también suele interferir en las parejas de su hija en etapas posteriores de su vida. A menudo esto es incluso tan extremo que la madre intenta seducir a las parejas de su hija o prohíbe a su hija entablar una relación con determinados hombres, pero luego, a su vez, intenta entablar ella misma una relación con los mismos hombres.

En general, la relación entre una madre narcisista y su hija se caracteriza predominantemente por las luchas competitivas y por el intento de la madre de vivir a través de su hija y moldearla a su imagen.

PROBLEMAS Y TRASTORNOS MENTALES QUE PUEDEN APARECER EN LOS NIÑOS

La relación entre una madre narcisista y sus hijos es un vínculo muy poco saludable, caracterizado principalmente por la dependencia mutua y el control excesivo. Dado que las experiencias que se adquieren en la infancia y la relación que se establece con la madre son cruciales para un desarrollo psicológico sano, la mayoría de los hijos de narcisistas desarrollan graves problemas psicológicos debido a este vínculo nocivo.

Debido al afán de la madre narcisista por ser el centro de atención en todas las situaciones, sus hijos aprenden pronto a valerse por sí mismos, por lo que también les resulta difícil confiar en otras personas. A menudo desarrollan problemas de confianza a una edad temprana y se comportan de forma reservada con otras personas ajenas a su familia.

Además, en la mayoría de los casos los niños no pueden desarrollar una personalidad propia estable porque su madre toma el control de sus vidas y decisiones en todo momento. Aprenden a pensar que sólo son queridos y valiosos si cumplen las altas expectativas de su madre. Como resultado, los niños se amoldan patológicamente a su madre y a su voluntad y se convierten, por así decirlo, en una mera imagen especular de su madre en lugar de en un individuo independiente. A menudo, los hijos de narcisistas pierden el acceso a sus propios sentimientos y deseos.

Por tanto, a menudo no pueden expresar por sí mismos lo que sienten o lo que quieren. No son capaces de aprender la habilidad de la independencia de ninguna manera y siempre dependen de recibir instrucciones de su madre, pero también de otros congéneres.

Además, a menudo también se desarrolla una relación perjudicial entre hermanos, porque la madre los trata de forma diferente, los compara entre sí y los enfrenta. Muchos hermanos que tienen una madre narcisista sienten una envidia extrema y a veces odio mutuo.

En muchos casos, los niños dependen tanto de su madre que ni siquiera se dan cuenta de que hay un problema en la familia. Sin embargo, debido a la presión que su madre ejerce sobre ellos, sufren un estado permanente de tensión psicológica interior, que puede hacerles desarrollar importantes enfermedades mentales. En la mayoría de los casos, las madres narcisistas no reconocen que su hijo padece una enfermedad mental. A menudo se avergüenzan de su hijo porque no encaja en su visión de una familia perfecta y hacen que reprima sus síntomas. Esto puede hacer que los síntomas empeoren o que el niño los reprima en su subconsciente de forma poco saludable.

A veces los síntomas reaparecen por fases o el niño desarrolla nuevos síntomas. La madre considera imposible responsabilizarse ella misma de los problemas del niño y culpa al propio niño, a otras personas o a factores externos. Por otro lado, sin embargo, también hay madres narcisistas que reconocen que su hijo tiene un problema, pero lo utilizan para situarse en el centro y ponerse en el papel de víctimas. Se quejan de lo difícil que lo tienen con su hijo y de lo mucho que les agobia.

En el párrafo siguiente se explican brevemente algunas de las enfermedades mentales que pueden desarrollar los niños.

Comportamiento agresivo o antisocial

Algunos niños desarrollan una actitud agresiva hacia su entorno debido al control permanente de su madre. Se sienten confinados en casa y tienen que reprimir todos sus propios sentimientos, por lo que a menudo descargan sus sentimientos reprimidos contra su entorno y sus semejantes en forma de agresión.

Trastornos de ansiedad o fobias

Debido al vínculo inestable con su madre, los niños se sienten constantemente inseguros y aprenden que pueden estar en peligro en cualquier momento, ya que la madre narcisista a veces les castiga extremadamente por pequeños errores. También pueden desarrollar otros miedos extremos. Especialmente en relación con su entorno social, los niños desarrollan fobias, ya que no pudieron experimentar a su madre como confidente en su primera infancia y a menudo les rechazaba. Como consecuencia, los niños nunca pudieron aprender realmente a confiar en otras personas y, en muchos casos, más tarde sufren fobia social o agorafobia, por ejemplo. Muchos niños sufren también fobia escolar, que puede explicarse por la fuerte presión de la madre para que rindan bien. Pero también suelen aparecer otras fobias, como la aracnofobia.

Trastornos alimentarios

La madre narcisista también suele transferir su perfeccionismo patológico a sus hijos. Por ello, desarrollan fuertes complejos, sobre todo en lo que se refiere a su aspecto, ya que su madre les enseña que su apariencia es muy importante. Para ajustarse al ideal de su madre, no es raro que los niños desarrollen trastornos alimentarios como la anorexia, la bulimia o un trastorno por atracón. Otra razón por la que los niños desarrollan estos trastornos es que los trastornos alimentarios suelen dar a quienes los padecen una sensación de control. Al estar controlados por su madre en casi todos los ámbitos de su vida, puede hacerles sentir que pueden tomar el control ellos mismos al menos en un ámbito de su vida.

Trastorno obsesivo-compulsivo

Como ocurre con los trastornos alimentarios, el desarrollo de trastornos obsesivo-compulsivos en los hijos de narcisistas puede explicarse por el perfeccionismo patológico y el deseo de control. Los niños pueden desarrollar compulsiones de orden o control, por ejemplo.

Trastornos del apego

En muchos casos, los niños dependen de su madre de un modo poco saludable y sienten una fuerte ansiedad por la separación. Esto suele trasladarse a los vínculos con otras personas. Tienen problemas para construir la confianza y la proximidad con sus semejantes porque nunca pudieron aprenderlo en el vínculo con su madre.

Depresión e ideas/intentos de suicidio

A menudo, los niños sufren tanto por la presión psicológica a la que les somete su madre que pueden desarrollar depresión. En casos extremos, esto puede llevar incluso a pensamientos suicidas o, en última instancia, a intentos de suicidio.

Abuso de alcohol o drogas

A veces puede ocurrir que los niños empiecen a consumir alcohol o drogas en la adolescencia para distraerse del estrés psicológico.

Rasgos de personalidad narcisista

Especialmente los niños que han crecido en el papel del niño de oro y han sido idealizados en lugar de criticados por su madre, pueden adoptar algunos rasgos de la personalidad narcisista de su madre a una edad temprana. No es infrecuente que esto les lleve a desarrollar también un trastorno narcisista de la personalidad en la edad adulta.

Otras perturbaciones

Otros trastornos mentales que pueden aparecer en los hijos de madres narcisistas serían, por ejemplo, el TDAH, los trastornos del sueño, los trastornos del habla, los trastornos por tics, los trastornos de concentración, las dificultades de lectura y ortografía o los trastornos aritméticos.

DAÑOS PSICOLÓGICOS PERMANENTES EN LA EDAD ADULTA

Muchos de los problemas psicológicos y comportamientos que los niños desarrollan en la infancia siguen afectándoles cuando llegan a la edad adulta.

Los adultos que han crecido con una madre narcisista suelen ser muy dependientes. Les resulta difícil tomar sus propias decisiones, a menudo las toman de acuerdo con lo que su madre hubiera decidido por ellos o, si siguen en contacto con su madre, siguen dejando que ella tome todas las decisiones por ellos en la edad adulta.

Tienen grandes problemas para definir quiénes son y comprender sus propios intereses y deseos, ya que nunca han tenido la oportunidad de desarrollar libremente su propia personalidad. A menudo se sienten obligados a ser siempre como los demás para ser aceptados, ya que su madre intentó moldearlos a su imagen especular cuando eran niños. Para ellos es muy importante complacer a sus semejantes en todo momento. A menudo se sienten culpables por perseguir sus propios intereses y voluntad, ya que de niños les enseñaron que está mal que expresen sus propios deseos. Además, les resulta difícil expresar sus propias opiniones y defenderlas.

Al igual que su madre narcisista, tienen considerables problemas para hacer frente a las críticas, ya que a menudo asumen ellos mismos la inestable autoestima de su madre. Incluso pequeños comentarios críticos pueden rebajar enormemente su autoestima y sumirlas en profundas crisis.

También suelen ser muy sensibles a su entorno y les resulta difícil crear confianza o vínculos más estrechos con quienes les rodean. En muchos casos, se aíslan de sus semejantes porque tienen un fuerte miedo a ser abandonados, lo que les impide incluso tener a su alrededor personas por las que podrían ser abandonados.

Algunos adultos que han sido formados en la infancia por una madre narcisista también desarrollan el síndrome del ayudante. Por la razón de que muchos tuvieron que cuidar de su madre en su infancia en lugar de que ella cuidara de sí misma, también intentan en la edad adulta ayudar siempre a otras personas de forma patológica, aunque eso les perjudique a ellos mismos o tengan que desatender sus propias necesidades para hacerlo.

La relación entre hermanos que han crecido con una madre narcisista suele estar muy dañada incluso en la edad adulta. Debido a la envidia y a otros sentimientos negativos que moldearon la relación de los hermanos en la infancia, en muchos casos son incapaces de construir una relación sana y afectuosa entre ellos incluso más tarde.

A pesar de estas cargas psicológicas, a menudo ocurre que los hijos de narcisistas parecen tener mucho éxito de adultos, al menos exteriormente. Algunos alcanzan los elevados objetivos que les fijó su madre, pero a menudo sólo es así debido a la enorme presión por rendir y al perfeccionismo delirante.

Suelen ser bastante infelices, en contra de la apariencia externa de una vida de éxito, lo que se debe principalmente a que no han realizado sus propios objetivos y sueños, sino sólo los de su madre. Además, también ocurre que ellas mismas desarrollan un trastorno narcisista de la personalidad y se comportan de forma egoísta y explotadora con otras personas para elevar su propia baja autoestima.

Las relaciones posteriores también están influidas por la infancia con una madre narcisista. Muchas personas afectadas tienen ideas erróneas y malsanas sobre lo que son las relaciones y el amor. Han aprendido en su infancia que sólo obtienen amor si hacen lo que su madre les dice que hagan, por lo que suponen que sólo pueden ser amadas por sus parejas si se someten a ellas y escuchan las instrucciones de su madre. Estas formas malsanas de pensar suelen ser difíciles de corregir y normalmente llevan a los afectados a tener relaciones tóxicas. También suelen buscar parejas o amigos narcisistas porque desean a alguien que les gobierne y les dé instrucciones.

Además, los afectados llevan a la edad adulta las enfermedades mentales que desarrollaron de niños y pueden padecerlas durante toda su vida.

En general, a los hijos de narcisistas les resulta difícil llevar una vida normal y establecer vínculos sanos con sus semejantes, incluso en la edad adulta. En su infancia han aprendido numerosos comportamientos y formas de pensar perjudiciales, de los que a menudo les resulta difícil desprenderse.

¿Qué terapias hay disponibles ?

OPCIONES TERAPEUTICAS PARA LOS HIJOS DE UNA MADRE NARCISISTA

A muchas personas que han crecido con una madre narcisista les resulta difícil admitirse a sí mismas que podrían necesitar terapia. Esto se debe a que su madre les ha convencido de que sus problemas no existen realmente, o han aprendido que no encajan en la imagen perfecta de su vida y, por tanto, sienten vergüenza por sus problemas. Además, el control que ejerce la madre a menudo les impide buscar ayuda, incluso de adultos, porque siguen viviendo con el miedo de decepcionar a su madre. Además, a algunas personas les cuesta ver que su madre se ha portado mal con ellas porque en la infancia les enseñaron que ese comportamiento era normal. A menudo defienden el mal comportamiento de su madre y ellas mismas se sienten culpables por calificar su comportamiento de malo. Por tanto, si tienes una madre narcisista, el primer paso y el más importante es admitir ante ti misma que algo ha ido mal en la familia y que no tienen por qué sentirse culpables por buscar ayuda.

En la mayoría de los casos, es definitivamente necesario buscar ayuda profesional y someterse a psicoterapia, ya que los afectados han aprendido muchas formas de pensar y comportarse poco saludables en su infancia, que les resulta difícil corregir por sí mismos.

Sin embargo, para los niños que aún no han interiorizado tan fuertemente estas formas de pensar y comportarse, ya puede ser de ayuda que tengan un cuidador comprensivo que sea independiente de su madre y con el que puedan hablar de sus sentimientos y experiencias. Este cuidador debe tener una buena empatía y ser capaz de explicar al niño que se le permite ser una persona independiente y que no tiene por qué sentirse culpable por no seguir sólo la voluntad de su madre.

Esto ayuda al niño a reconocer el comportamiento tóxico de su madre a una edad temprana y a aprender que no tiene la culpa de ello. También aprende a crear un vínculo sano con un cuidador y que existe otra realidad distinta a la de su madre. En el mejor de los casos, esto ayuda al niño a corregir las pautas de pensamiento malsanas que aprendió de su madre a una edad temprana, para que pueda ser independiente de adulto, reconocer rápidamente los comportamientos destructivos de los demás y establecer relaciones sanas con los demás.

Sin embargo, si la persona afectada no ha podido corregir su forma de pensar ya en la infancia, es muy importante buscar ayuda profesional en forma de terapia. Es muy importante encontrar un terapeuta adecuado. El terapeuta debe ser enfático y también es una ventaja si ha tenido experiencia con trastornos de la personalidad o, especialmente, con el narcisismo. Es aconsejable conocer a varios terapeutas al principio para encontrar uno adecuado y probar distintos métodos de terapia, ya que muchas personas afectadas padecen también otras enfermedades mentales que deben tratarse individualmente. Si durante las primeras o posteriores sesiones notas que tu terapeuta no es adecuado o que no te sientes a gusto con él, es mejor que acudas a otros terapeutas hasta que encuentres uno adecuado.

La terapia en sí consiste principalmente en reconocer los comportamientos tóxicos de la propia madre y comprender el impacto que tienen en la propia vida y comportamiento. Se descubren los mensajes y puntos de vista malsanos que uno ha recibido a través de la madre y se sustituyen por formas de pensar más sanas. Se observa conscientemente la dinámica familiar patológica y el terapeuta ayuda a su paciente a desarrollar estrategias de solución.

También es importante que los afectados desarrollen una autoestima estable y aprendan a dejar de depender del control de la madre. Esto les ayuda a desarrollar su propia personalidad y a tomar decisiones independientes. Así, son capaces de tomar las riendas de su vida sin dejarse influir por la madre.

En general, suele ser difícil para las personas que han crecido con una madre narcisista obtener la ayuda que necesitan, porque han interiorizado muchas formas de pensar malsanas, pero si encuentran la fuerza para buscar terapia, estas formas de pensar pueden corregirse y se hace posible que la persona afectada lleve una vida normal.

OPCIONES DE TERAPIA PARA MADRES NARCISISTAS

En la mayoría de los casos, los narcisistas no se tratan su trastorno mental. Esto se debe a que no reconocen sus propios problemas o niegan tener un trastorno, ya que lo verían como un defecto. Un trastorno mental sería contrario a la imagen perfecta que quieren presentar de sí mismos al mundo exterior. Además, a menudo se consideran demasiado superiores y especiales para padecer una enfermedad mental.

Sin embargo, si los narcisistas deciden acudir a un terapeuta, lo hacen predominantemente por motivos egoístas. Una razón puede ser, por ejemplo, que desarrollen otras enfermedades mentales, como la depresión, que tienen un fuerte impacto negativo en sus vidas y, por ello, deciden acudir a terapia. Algunos también acceden a la terapia si su entorno les presiona lo suficiente.

En algunos casos, para las madres narcisistas, una ruptura de contacto con su hijo también es un acontecimiento que les hace reflexionar, ya que suelen ser muy dependientes de recibir la admiración de su hijo hacia ellas y ven al niño como una prolongación de sí mismas. Por tanto, una ruptura les hace sentir que han perdido el control de una parte de sí mismas, y ven la terapia como un intento de recuperar a su hijo.

A pesar de ello, la mayoría de los narcisistas suelen abandonar la terapia tras unas pocas sesiones. No obstante, merece la pena intentarlo si hablas con tu madre narcisista sobre la posibilidad de hacer terapia, pero debes estar preparada para que lo más probable es que no responda a la sugerencia y niegue tener un problema o se sienta atacada por la sugerencia.

También es relativamente difícil curar por completo el trastorno narcisista de la personalidad debido a la escasa conciencia de sí mismo, pero al menos se pueden reducir los síntomas para que disminuya la carga que suponen para quienes les rodean.

A los terapeutas les resulta especialmente difícil tratar a un paciente con trastorno narcisista de la personalidad porque no quieren reconocer sus propios problemas, lo que dificulta abordarlos directamente y hablar de ellos abiertamente. Los narcisistas también suelen creer que tienen derecho a un trato especial debido a su sentimiento de superioridad, o intentan manipular a su terapeuta y someterlo a su control. Los narcisistas suelen intentar presionar a sus terapeutas para que se comporten de una determinada manera. También suele ocurrir que, o bien los idealizan y admiran mucho, o bien tienen fuertes sentimientos negativos hacia ellos, como la envidia. Estos sentimientos también pueden oscilar siempre de un extremo a otro.

Por esta razón, es enormemente importante que el terapeuta establezca límites claros al tratar a un narcisista, que no deben traspasarse. Además, debe ser empático y comprensivo con su paciente, a pesar de que su comportamiento perjudique a sus semejantes. A un narcisista no se le debe confrontar directamente con su comportamiento, pues lo vería como falsas acusaciones y se sentiría atacado debido a su escasa capacidad para afrontar las críticas. El terapeuta tampoco debe juzgar moralmente el comportamiento de su paciente como correcto o incorrecto, sino que debe ser capaz de verlo con neutralidad.

En el marco de la terapia, se intenta, en primer lugar, identificar los patrones de pensamiento malsanos del paciente que desencadenan su comportamiento nocivo hacia sus semejantes y, a continuación, corregirlos. Esto se hace, por ejemplo, enseñando al paciente a dejar de hacer depender su autoestima de otras personas y de características superficiales, para que él mismo aprenda a construir una autoestima estable. La capacidad de empatizar puede entrenarse, entre otras cosas, mediante juegos de rol en los que el paciente puede darse cuenta de cómo afecta su comportamiento a otras personas y qué sentimientos provoca en ellas.

Al final, a pesar de todo, es difícil liberar a la madre narcisista de su enfermedad mental, porque en la mayoría de los casos ella misma no lo considera necesario. Por tanto, es aconsejable que sus hijos no se hagan ilusiones ni pongan demasiado empeño en ayudar a su madre, sino que se ocupen de sus propios problemas mentales. Al fin y al cabo, es importante darse cuenta de que, como hijo, no eres responsable de curar a tus padres, esta responsabilidad recae sobre las propias madres narcisistas.

Tratar con una madre narcisista

CONSEJOS PARA TRATAR Y VIVIR CON UNA MADRE NARCISISTA

Tener una madre narcisista es una pesada carga psicológica, sobre todo si aún vives con ella y no tienes la oportunidad de mudarte. No obstante, para facilitarte la convivencia con tu madre, aquí tienes algunos consejos para tratar con narcisistas.

En primer lugar, es enormemente importante que refuerces tu propia autoestima y aprendas a reconocer tu propio valor. Esto te ayudará a mantener una autoestima estable a pesar de los intentos de tu madre de humillarte y hacerte sentir que no vales nada. Deshazte de la mentalidad de que tu autoestima depende de la aprobación de tu madre, porque por mucho que te esfuerces en cumplir sus expectativas, lo más probable es que ella nunca esté satisfecha con ellas y siempre tenga expectativas más altas.

A nivel emocional, también deberías intentar distanciarte de tu madre. Por ejemplo, si necesitas consuelo o consejo, suele ser mejor que recurras a otra persona cercana y empática. Esto se debe a que tu madre narcisista tiene poca capacidad de empatía y, por tanto, no puede darte el consuelo que necesitas.

A menudo incluso tendería a hacerte sentir peor y a que te sintieras culpable o a que te centraras en ti mismo y hablaras de tus propios problemas en lugar de escucharte. Por eso, en general es importante que encuentres a otras personas que sean comprensivas y con las que puedas hablar de tus preocupaciones. También puedes acudir a grupos de apoyo, por ejemplo, para hablar con otras personas que también hayan tenido experiencias con padres narcisistas.

Otro consejo es que busques un equilibrio que te distraiga de tu entorno negativo y te ayude a procesarlo mejor. Puede ser una afición o un club, por ejemplo, que te ayude a salir de tu entorno tóxico al menos durante un breve periodo de tiempo.

También debes aprender a atender tus propias necesidades y a darles prioridad. Puede que tu madre intente convencerte de que está mal tener tus propias necesidades y de que eres egoísta si no satisfaces siempre las suyas, pero eso no es cierto. Tienes derecho a tener tu propia voluntad y objetivos y a hacerlos valer, y no debes sentirte culpable por decirle "no" a tu madre y dar prioridad a tus propias necesidades.

En general, debes intentar no tomarte en serio las acusaciones de tu madre y no dejarte sentir culpable. Los narcisistas siempre intentan ponerse en el papel de víctimas y siempre presentan a sus semejantes como culpables, aunque ellos mismos sean los culpables en la mayoría de los casos. Por tanto, es importante que no te culpes y que te des cuenta de que tu madre sólo intenta manipularte.

Tampoco te culpes por el hecho de que la relación entre tu madre y tú no sea estrecha y sana, o si te resulta difícil querer realmente a tu madre. Esto no se debe a ti, sino a que los narcisistas simplemente no son capaces de construir relaciones sanas y más profundas.

A menudo, los narcisistas también intentan manipularte mintiendo, por lo que no debes creer todo lo que te diga tu madre. En lugar de eso, confía sólo en hechos claros que sepas que son ciertos y no dejes que tu madre te engañe.

En cuanto a tu propia seguridad, también es importante que te tomes en serio las señales de advertencia y te alejes del entorno de tu madre si, por ejemplo, se muestra agresiva. Al fin y al cabo, los narcisistas no tienen ningún problema en abusar de ti emocionalmente o mediante la violencia. Por tanto, es aconsejable que intentes alejarte del entorno de tu madre si el peligro es inminente. Lo mejor sería retirarte a una persona de confianza hasta que tu madre se haya calmado.

Además, debes establecer límites claros en tu trato con tu madre y defenderlos. Las madres narcisistas intentan controlar la vida de sus hijos en todos los ámbitos, por lo que suelen interferir considerablemente en su intimidad. Establece límites claros para tu madre a este respecto y demuéstrale que no debe traspasarlos. Al fin y al cabo, no tiene derecho a inmiscuirse en tu vida privada si tú no quieres, ni a privarte de la oportunidad de tomar decisiones libremente.

A pesar del mal comportamiento de tu madre, sigue siendo importante que tú misma te comportes respetuosamente con ella. No debes imitar el comportamiento degradante de tu madre; en la mayoría de los casos esto sólo puede empeorar la situación. Aunque no tienes por qué sentirte obligado a ser afectuoso o excesivamente amistoso con tu madre, es aconsejable ser respetuoso con ella de forma neutral. Esto ayudará a evitar que se intensifiquen las discusiones entre tu madre y tú, y evitará que adoptes los comportamientos malsanos de tu madre.

Debes tener especial cuidado cuando se trate de criticar algo de tu madre o de tu comportamiento. Los narcisistas son extremadamente sensibles a las críticas, debido a su inestable autoestima, y realmente no pueden manejarlas bien. Por tanto, en el mejor de los casos, deberías evitar por completo criticar a tu madre.

Sin embargo, si consideras absolutamente necesario criticar algo, lo más sensato es expresar esa crítica con mucho cuidado. Es más eficaz y seguro si ocultas la crítica tras un cumplido.

Por ejemplo, si quieres que tu madre cambie un determinado comportamiento suyo, primero puedes elogiar algo de ese comportamiento y luego decirle el cambio que te gustaría ver en forma de sugerencia de mejora. De este modo, tu madre no lo verá como una crítica, sino como una sugerencia sobre cómo puede acercarse aún más a su ideal de perfección. Esto la impulsa más a cambiar su comportamiento que una crítica directa.

Sin embargo, incluso de este modo será difícil cambiar alguno de los comportamientos nocivos de tu madre. Por tanto, es importante que te des cuenta de que tú mismo no puedes corregir el comportamiento de tu madre ni curarla de su trastorno narcisista de la personalidad. Aunque puedes intentar presentarle la terapia como una opción, en última instancia es decisión de tu madre si quiere o no cambiar su propio comportamiento. Por tanto, debes recordarte siempre que no eres responsable de ella y que no tienes por qué sentirte culpable por ello.

Sin embargo, si la situación con tu madre se agrava hasta el extremo o si este entorno tóxico te somete a tanta tensión psicológica que ya no puedes soportarlo, probablemente lo mejor sea buscar la forma de liberarte de este entorno y ponerle fin definitivamente, porque sólo así podrás, en última instancia, distanciarte por completo de estas cargas psicológicas y recuperarte de sus consecuencias.

FORMAS DE LIBERARTE DEL ENTORNO NOCIVO

Para que puedas desprenderte por completo de las formas malsanas de pensar y comportarte que aprendiste de tu madre en la infancia y llevar una vida normal e independiente, en la mayoría de los casos es esencial que te liberes del entorno nocivo de tu madre a nivel físico, pero también emocional. Puesto que a muchas personas que han crecido con una madre narcisista les resulta muy difícil separarse de ella, ya que suelen ser extremadamente dependientes de su madre, aquí tienes algunos consejos que pueden ayudarte en esta situación.

En primer lugar, debes desarrollar una sana confianza en ti misma. Esto te ayudará a darte cuenta de que puedes arreglártelas sola, sin tu madre, y de que eres capaz de tomar las riendas de tu vida. También deberías trabajar en la construcción de tu propia personalidad individual y aprender quién eres realmente para separarte de tu madre y dejar de vivir como una extensión de ella. Aunque probablemente al principio te resulte difícil llevarte bien sin tu madre, ya que no pudiste aprender muchas habilidades en tu infancia debido a tu escasa independencia, siempre podrás compensarlo fácilmente. Con el paso del tiempo, también te resultará cada vez más fácil vivir de forma independiente. Es muy recomendable que encuentres un terapeuta que pueda aconsejarte y apoyarte en estos aspectos.

También puedes buscar el apoyo de otras personas de confianza que puedan ayudarte a alejarte físicamente de tu madre. Por ejemplo, si tienes una buena relación con tu padre y él también sufre el comportamiento de tu madre, podrías dejar a tu madre junto con él.

Otra decisión importante que debes tomar es si quieres cortar completamente el contacto con tu madre. Es una decisión que debes tomar por ti mismo, pero si crees que cualquier contacto con tu madre te está perjudicando, probablemente sea la mejor decisión. Sin embargo, esto es muy difícil para muchas personas afectadas debido a su dependencia de su madre, por lo que también podrías intentar reducir el contacto sólo al principio o cortarlo sólo por fases. En cualquier caso, es importante que te distancies emocionalmente de tu madre. No esperes el amor o la aprobación de tu madre, porque es muy probable que nunca lo consigas.

A menudo también tienes que aceptar que quizá tengas que renunciar a otros miembros de la familia. Por ejemplo, si se ponen del lado de tu madre y además te hacen daño, es mejor para ti que también te distancies de ellos.

Además, nunca debes sentirte culpable por distanciarte de tu madre o de otras personas que no son buenas para ti. Al fin y al cabo, esas personas son responsables de su propio mal comportamiento y tienes derecho a distanciarte de él si te perjudica.

En definitiva, aunque no es un proceso fácil curarse de las profundas heridas causadas por una madre narcisista, definitivamente es posible liberarse de sus grilletes y vivir una vida feliz e independiente.